AF220212

Hochzeits Ratgeber- - Der entspannte Weg zur Hochzeit -

Schritt für Schritt ohne Stress zur unvergesslichen Traumhochzeit - inkl. Checkliste und den besten Tipps

Mirella Lameyer

INHALT

Das erwartet Sie in diesem Buch

Herzlichen Glückwunsch, Ihre bessere Hälfte hat Ihnen einen Heiratsantrag gemacht und Sie haben ihn angenommen. Oder Sie wurden mit der großen Ehre betraut, als Trauzeuge dem Brautpaar zur Seite zu stehen. Doch wie geht es jetzt weiter? Was muss nun in welcher Reihenfolge erledigt werden und was darf man nicht vergessen? Nachdem die große Aufregung und Freude über den Heiratsantrag jetzt vielleicht ein wenig abgeklungen ist, fängt eine Zeit der Träume, Planung und

Organisation an. Aber auch Frust, Enttäuschung und Tränen werden die Hochzeitsplanung begleiten. Damit Sie den Wald vor lauter Bäumen nicht übersehen, haben Sie mit diesem kleinen Ratgeber einen Leitfaden zur Hand.

Dieser zeigt Ihnen, was alles auf Sie zukommt, was Sie beachten sollten und was alles getan werden muss. Dabei ist es egal, ob es eine kurzfristige, spontane Hochzeit im kleinsten Kreis oder doch eine große geplante Feierlichkeit mit allem Glamour werden soll. Hier finden Sie einen Ideenpool aus Theorie, praxiserprobten Tipps und Vorlagen für Checklisten, um den Hochzeitstag Ihren Wünschen entsprechend zu gestalten. Und auch wenn es bei der Planung vielleicht mal zu Problemen kommt und stressig werden kann, vergessen Sie nicht: Eine Hochzeit ist immer etwas Besonderes.

Ein kleiner Tipp bereits vorweg:
Planen Sie Ihre Hochzeit zusammen mit Ihrer besseren Hälfte und binden Sie auch Ihre Familien mit ein. Denn es soll ja schließlich Ihr gemeinsamer schönster Tag werden und das Anhören der Erfahrungen und Tipps Ihrer Familien ebnet den Weg

für ein zukünftig harmonisches Schwiegerfamilienverhältnis.

Schritt 1 – Was Sie wollen

Wer hat und kennt sie nicht, die Vorstellung und die Träume oder auch die Klischees zum Thema Heirat? Kirchliche Trauung, weiße Pferdekutsche, festliches Essen oder das einfache Durchbrennen mit dem geliebten Partner sind typische Begriffe, die man oft sofort mit einer Hochzeit verbindet. Doch muss das alles so sein? Im Kapitel „Was Sie wollen" finden Sie Tipps und Tricks, um herauszufinden, welchen Rahmen Sie Ihrer Traumhochzeit geben können.

BUDGET

Um zu wissen, in welchem Rahmen Sie Ihre Hochzeit ausrichten können, sollten Sie sich als ersten Schritt überlegen, wie viel Geld Sie für eine Hochzeit haben. Es gibt sowohl für das ganz kleine Budget als auch für die größeren viele tolle Varianten und Möglichkeiten. Bitte begehen Sie nicht den großen Fehler, zu denken, mit den Hochzeitsgeldgeschenken könnten Sie die Hochzeit bezahlen! Vieles muss bereits im Vorfeld angezahlt oder gar bezahlt werden. Reservierungspauschalen für Location, Brautkleid und Anzug für den Bräutigam, Anmeldung zur standesamtlichen Trauung, Hotelzimmer reservieren und noch vieles mehr muss in kleinen und in großen Beträgen schon vor dem Hochzeitstag beglichen werden. Sie wissen leider auch nicht, ob tatsächlich alle Gäste, die zugesagt haben, kommen und ob jeder Gast Ihnen Geld schenkt, vor allem nicht, wie viel! Vertrauen Sie also nur auf das eigene Budget, das Sie auch wirklich in der Hand haben.

In manchen Kulturen ist es Tradition, dass die Eltern der Braut oder des Bräutigams zahlen. Doch sehr viele Paare wollen es auch aus eigener Tasche schaffen und beschließen daher, erst einmal zu sparen.

Überlegen Sie sich also ganz genau: Wollen Sie eine riesengroße Sause oder etwas Kleineres? Wie viel Budget wollen Sie in diese Hochzeit stecken und wo können Sie sich vielleicht auch Alternativen vorstellen? Muss es das große, teure Kleid vom Designer sein? Soll es unbedingt diese eine traumhafte Location sein, wo man schon Ewigkeiten im Voraus buchen sollte? Reicht ein Buffet oder vielleicht doch lieber ein 5-Gänge-Menü für alle? Gehen Sie los und schauen Sie sich die Preise auf dem Markt an. Schauen Sie in einem Brautfachgeschäft vorbei, um herauszufinden, was so ein Brautkleid kostet! Achten Sie beim wöchentlichen Einkauf mal ganz genau auf Ihre Einkaufsrechnung für Lebensmittel! Werfen Sie einen Blick beim Konditor oder Blumenfachhandel rein! Welche Preise sehen Sie? Nach oben sind da natürlich keine Grenzen gesetzt. Vergessen Sie auch die Getränke nicht in Ihrer Gleichung! Sie sehen, es summiert sich ganz schön. Und auch viele kleine Beträge ergeben am Ende eine ziemlich große Summe.

Setzen Sie also nach reichlichen Überlegungen Ihr Budget fest. Schreiben Sie es dick und fett in Ihre Notizen und weichen Sie so gut wie nicht davon ab! Denn ganz oft denkt man sich „Hier kann man ein bisschen mehr ausgeben, dafür spart man ja dann mit dem und dem wieder" oder „Wir bekommen ja doch auch Geld zur Hochzeit, davon bezahlen wir dann den DJ". Doch diese Denkweise geht in der Regel immer nach hinten los. Und Sie wollen doch eine sorgenfreie Hochzeit!

Als Tipp und zum Überblick empfehle ich Ihnen Folgendes:

Legen Sie sich eine Budgetliste an. Listen Sie alles auf, was Ihnen in den nächsten Tagen einfällt und Geld kosten könnte – angefangen bei Deko, Blumen und Kleider über Essen, Einladungen, Briefmarken für Einladungen und Danksagungen bis hin zu Gastgeschenken, Hotel, freien Rednern und was Ihnen noch alles so in den Sinn kommt. Anschließend lassen Sie weitere Zeilen frei für Dinge, die Ihnen jetzt gerade nicht einfallen, und betiteln die erste freie Zeile mit „Sonstiges". Neben die aufgeführten Positionen schreiben Sie die Geldsumme, welche Sie gedenken, dafür auszugeben.

Bei „Sonstiges" geben Sie zusätzlich eine großzügige Summe ein, die ein paar Eventualitäten abfangen kann. Später können Sie dann neben die geplante Summe die tatsächlichen Kosten eintragen. So können Sie Ihr Budget planen und festlegen und haben zeitgleich einen sehr guten Kostenüberblick.

Was	Geplante Kosten	Tatsächliche Kosten	Bemerkung
Kuchen	300,00	20,00	Tante Frida backt den Kuchen
Standesamt	75,00	75,00	
Sonstiges	2000,00	1.200,00	
Summe	**2.375,00**	**1.295,00**	

Dies ist eine minimierte Beispielliste zur Verdeutlichung.

STANDESAMT, FREIE TRAUUNG, POLTERHOCHZEIT UND KIRCHE

Das Standesamt

In Deutschland muss jede rechtskräftige Ehe von einem amtlichen Standesbeamten geschlossen werden. Erst durch diese standesamtliche Trauung wird Ihr Ehebündnis vor dem Gesetz gültig und Sie gelten offiziell als Ehepartner. Es ist daher für Sie wichtig, zu wissen, dass, auch wenn Sie kirchlich oder am Strand heiraten möchten, Ihre erste Trauzeremonie am Standesamt durchgeführt wird.

Falls Sie nur eine standesamtliche Zeremonie möchten, ist es für Sie vielleicht von Interesse, dass Sie nicht unbedingt an Ihrem Wohnort getraut werden müssen. Es gibt einige Standesämter, welche zur Eheschließung außergewöhnliche Locations anbieten, zum Beispiel bietet die Stadt Hanau Ihre Trauungen im Schloss Philippsruhe an. Sie können an fast jedem Standesamt in Deutschland heiraten. Setzen Sie sich in solch einem Fall unbedingt mit dem gewünschten Standesamt in Verbindung, um die Kooperation zwischen den

Standesämtern zu gewährleisten. Denn anmelden müssen Sie sich bei Ihrem örtlichen Standesamt.

Bevor Sie jetzt gleich beim Standesamt anrufen, um nach Ihrem Wunschtermin zu fragen, müssen ein paar Voraussetzungen vorliegen:
- Volljährigkeit beider Eheleute.
- Das Hochzeitsdatum darf maximal innerhalb der nächsten 6 Monate sein. (Alles über 6 Monate wird nicht bearbeitet.)
- Bei der Anmeldung müssen unbedingt beide Partner persönlich anwesend sein. Nur in Ausnahmefällen wird eine Vollmacht akzeptiert.
- Keiner der zukünftigen Eheleute darf zum Zeitpunkt der Anmeldung zur Eheschließung noch verheiratet sein.
- Und ganz wichtig: alle Unterlagen müssen vorliegen.

Zu den Unterlagen gehören:
- Erweiterte Geburtsurkunde oder Abschrift aus dem Geburtenregister,
- Gültiger Personalausweis oder Reisepass,
- Amtliche Meldebescheinigung zum Wohnort (meist nur notwendig, wenn nicht am Standesamt

des Wohnortes geheiratet wird oder unterschiedliche Wohnorte mit abweichenden Standesämtern zugrunde liegen),
- Abstammungsurkunde,
- Heirats- und Scheidungsurkunde bei vorher verheirateten und nun geschiedenen Partnern,
- Aufenthaltsgenehmigung und Nachweis der Staatsangehörigkeit (nur wenn einer der Partner kein deutscher Staatsangehöriger ist),
- Geburtsurkunden aller bereits vorhandener, gemeinsamer Kinder.

Zur Sicherheit können Sie bei Ihrem zuständigen Standesamt anrufen und fragen, welche Unterlagen noch benötigt werden. Nicht immer müssen alle zuvor aufgelisteten Unterlagen auch eingereicht werden. Und planen Sie bitte ausreichend Zeit für die Beschaffung der Unterlagen ein. Es kann, je nach Formalie, zwischen einer Woche bis hin zu einem Monat dauern, bis Sie alles in der Hand haben.

Die Kosten für die Beschaffung der Unterlagen ist unterschiedlich, liegt in der Regel aber meistens zwischen 5,00 bis 20,00 Euro je Dokument. Für die Anmeldung beim Standesamt sollten

Sie ebenfalls zwischen 50,00 und 150,00 Euro einkalkulieren, zumal Sie hierbei auch gleich Ihr Familienbuch aussuchen können. Im Familienbuch werden Ihre Heiratsurkunde, Abstammungsnachweise und die Geburtsurkunden Ihrer (zukünftigen) Kinder hinterlegt.

Tipp: Wer auf ein ganz spezielles Datum hofft, wie zum Beispiel Valentinstag 14.02.20xx, welches jedoch noch über 6 Monate in der Zukunft liegt, sollte sich den Tag für die Monatsfrist unbedingt im Kalender eintragen, mit der dazugehörigen Telefonnummer vom Standesamt gleich daneben. Es wird sicher auch viele weitere Paare geben, die an diesem Tag heiraten wollen, und so ist es ein „First save – First come", um das gewünschte Datum zu erhalten.

Die freie Trauung
Nicht jeder glaubt an Gott oder ist Mitglied der evangelischen oder katholischen Kirche. Trotzdem möchten Sie eine feierliche Zeremonie, die über das standesamtliche Zeremoniell

hinausgeht? Dann ist die freie Trauung genau das Richtige für Sie.

Eine freie Trauung kann im Prinzip jeder durchführen, sogar Ihre beste Freundin. Doch es gibt auch eine Vielzahl an ausgebildeten Traurednern, welche sich auf solche Hochzeitsfeierlichkeiten spezialisiert haben.

Für diese Art der Trauung können Sie sich Ihren Trauungsort relativ frei aussuchen – der Strand am Meer, das kleine romantische Schloss in den Bergen, die idyllische Wiese am Waldrand, die Feierlichkeit im eigenen Garten oder wo immer Sie es sich wünschen. Wichtig ist nur, dass Sie sich die Genehmigung im Vorfeld Ihrer Planung bei den Eigentümern und Gemeinden einholen. Dann können Sie Ihre Trauungszeremonie mit dem Trauredner so absprechen und planen, wie Sie es sich vorstellen.

Tipp: Eine Auswahl an freien Traurednern finden Sie im Internet unter den Schlagwörtern: „Freie Trauung" und dem Ort Ihrer Feierlichkeit oder „Trauredner" mit dem Zusatz der Örtlichkeiten.

Die Polterhochzeit

Scherben bringen Glück! Unter diesem Motto findet die alte Tradition noch heute Anwendung, um dem zukünftigen Brautpaar Glück und Segen für die Ehe zu wünschen.

Dazu wird von den Gästen altes, jahrelang gesammeltes Geschirr und Porzellan aus dem Keller gekramt, welches bis dato noch nicht entsorgt wurde, und freudestrahlend mitgebracht.

Der Vorteil einer Polterhochzeit gegenüber einem Polterabend? Bei der Polterhochzeit bestimmen Sie die Anzahl der Gäste. Und wenn die Feierlichkeiten noch ein wenig weiter vom Wohnort entfernt sind, bringen diese auch nicht so viel Geschirr mit. Beim Polterabend kann jeder auftauchen, der davon Wind bekommen hat. Und oft findet dieser Abend im heimischen Hof statt, sodass jeder Nachbar gern noch einmal schnell einen Blick in den Keller wirft, was er denn alles noch „entsorgen" muss. Bei der Polterhochzeit haben Sie nur Ihre geladenen Gäste.

Ein weiterer Vorteil einer Polterhochzeit ist, Tradition, Unterhaltung und Feierlichkeit miteinander zu verbinden. Das Poltergeschirr wird ja nicht gleich zu Anfang auf einmal geworfen.

Immer wieder wird es während der Feierlichkeiten zu Klirren und Lachen kommen, da sich verschiedene Gäste zusammenfinden, um dem Brautpaar Glück in Form von Scherben zu wünschen. Die Scherben müssen natürlich auch alle aufgekehrt werden. In der Regel bekommt das Brautpaar dafür einen ausgefransten alten Besen und eine löchrige Kehrschaufel. Glück ist ja nicht einfach zu haben, also muss sich das Brautpaar auch ein wenig anstrengen.

Ihre Gäste werden sich den Spaß daraus machen, immer dann neues Geschirr hinzuwerfen, wenn Sie gerade in mühseliger Arbeit alles zusammengekehrt haben. Aber nehmen Sie ihnen das bitte nicht übel, der Spaß, die Tradition und das Glückwünschen stehen dabei absolut im Vordergrund.

Doch egal, ob Polterabend oder Polterhochzeit, stellen Sie sich auf einige Streiche ein und bestellen Sie lieber einen Container. Es soll auch schon vorgekommen sein, dass ein riesiger Kipp-LKW vorfuhr, um Geschirr abzuladen. Wenn man Glück hat, ist jedoch nur eine Tasse drin.

Die kirchliche Trauung

Von vielen wird die kirchliche Trauung als die heilige Segnung der Ehe betrachtet, egal, ob man gläubig ist oder nicht. Doch um kirchlich heiraten zu können, müssen für die evangelische Trauung entweder beide Partner Mitglieder der evangelischen Religion sein oder einer gehört der evangelischen und der andere einer anderen christlichen Religion an. Doch auch wenn Sie jetzt als erwachsene Person noch keiner Religion angehören, können Sie sich nach entsprechenden Gesprächen mit dem zuständigen Pfarrer taufen lassen. Bei der katholischen Trauung reicht es, wenn ein Partner der katholischen Kirche angehört.

Die kirchliche Trauung ist eine sehr zeremonielle und bemerkenswerte Feierlichkeit der Eheschließung. Mit Fürbitten von ausgesuchten Gästen, Psalm-Lesungen und Gesängen wird dem Brautpaar der Segen der Glaubensgemeinschaft erteilt. Den Ablauf, das Schmücken der Kirche, die Psalmen und auch die Musik werden in Abstimmung mit dem Pfarrer vom Brautpaar in mehreren Gesprächen vor der Hochzeit festgelegt. Doch der Grundablauf der Trauung ist traditionsgemäß festgeschrieben und macht den Flair der

Kirchenhochzeit aus. Daher gehört eine kirchliche Trauung für viele noch immer zum Inbild einer Traumhochzeit und vereint Mädchenträume und Tradition.

Hinweis: Schwierig wird eine kirchliche Trauung bei beiden Religionen nur, wenn bereits ein Partner zuvor verheiratet war und geschieden ist. Dann sollten Sie sich mit Ihrem Pfarrer in Verbindung setzen, um die jeweiligen Möglichkeiten zu besprechen.

DATUM

Nachdem Sie sich vielleicht bereits für eine Art der Hochzeitsfeier entschieden haben, folgt nun das Festlegen des Hochzeitsdatums. Sollten Sie nicht nur standesamtlich heiraten, sondern noch eine freie oder kirchliche Trauung zelebrieren, können Sie sich überlegen, wann und wie die standesamtliche Eheschließung in Ihren Plan passt. Manch einer beschließt, erst einmal nur standesamtlich zu heiraten und einige Monate später dann die zeremonielle Trauung zu halten. Andere wiederum machen beides am selben Tag oder innerhalb von wenigen Tagen. Wenn Sie außer der standesamtlichen Trauung noch eine weitere Zeremonie durchführen möchten, liegt es bei Ihnen, welches Datum am Ende für Sie Ihr Hochzeitstag ist.

Auf jeden Fall sollten Sie sich Gedanken machen, welches Hochzeitsdatum für Sie wichtig ist. Soll es einfach nur ein Datum mit Schnapszahl sein, wie zum Beispiel der 22.08.22, oder ein besonderes, wie der Valentinstag am 14.02.20xx? Vielleicht soll es aber auch Ihr Kennenlerntag sein oder ein anderer wichtiger Tag aus Ihrem gemeinsamen Leben. Sobald Sie sich entschieden haben, wäre es gut, noch ein paar weitere Punkte mit zu bedenken:

- Welcher Wochentag ist das ausgesuchte Datum? Unter der Woche, wo die meisten arbeiten? Ein Sonntag, wo am selben Tag der eine oder andere noch abreisen muss, um am nächsten Tag wieder zur Arbeit zu gehen? Ein Freitag oder Samstag oder vielleicht sogar ein mit Feiertag und Brückentag verbundenes Datum?

- Sind da gerade Ferien? Dann könnten einige vielleicht nicht dabei sein oder müssen erst recht arbeiten.

- Fällt das Datum unter Umständen mit anderen großen Feierlichkeiten, wie zum Beispiel Weihnachten, Kommunion oder Geburtstage, zusammen?
- Gibt es für Sie wichtige Gäste, von denen man bereits weiß, dass es an diesem Datum aus welchen Gründen auch immer nicht klappen würde?

Wenn Sie diese Punkte für sich berücksichtigt haben, müssen Sie jetzt noch Ihr Wunschdatum mit Standesamt, Location oder Kirche abklären.

Tipp: Legen Sie sich nicht nur auf ein Datum fest. Suchen Sie sich zwei bis drei verschiedene Hochzeitsdaten aus, damit Sie bei der Anfrage für die Eheschließung bei Standesamt oder Kirche nicht erst wieder von vorne anfangen müssen, falls das Wunschdatum nicht möglich ist.

FAMILIE, ELTERN UND SCHWIEGERELTERN

Sie haben nun die ersten Schritte auf dem Weg zu Ihrer Traumhochzeit erledigt. Jetzt fängt die richtige Planung an. Natürlich möchten Ihnen Ihre

Familie, Ihre Freunde, Eltern und Schwiegereltern dabei helfen und Ihnen mit Ihren Erfahrungen und Ratschlägen zur Seite stehen. Doch leider trifft hier ein Sprichwort oft besonders zu: „Zu viele Köche verderben den Brei". Sie können natürlich so viele Personen, wie Sie möchten, in die Planung einbeziehen. Doch behalten Sie im Hinterkopf, dass jede Person ihre eigene Vorstellung einer perfekten Hochzeit hat. Und nur in den seltensten Fällen ähneln sich diese und entsprechen Ihren Vorstellungen.

Am besten erklären Sie Ihren Helfern von Anfang an, was genau Sie sich vorstellen, und bitten sie dann, Ihnen bei der Umsetzung Ihrer Wünsche und Vorstellungen zu helfen. Grenzen Sie auch die Anzahl der Ratgebenden ein. Gute Ratgeber sind meist die wirklich besten Freunde des Brautpaares, manchmal auch die Geschwister und natürlich immer die Mamas. Gerade für die Mütter des Brautpaares ist es oft eine emotional wichtige Angelegenheit, bei der Hochzeitsplanung einbezogen zu werden. Doch besonders hier ist es ganz wichtig, Ihre Wünsche hochzuhalten und sich nicht zu sehr von den Meinungen der Mütter beeinflussen zu lassen. Wenn zum Beispiel für Sie und Ihre bessere Hälfte eine standesamtliche Trauung vollkommen Ihrem Traum entspricht, Ihre Mütter aber unbedingt eine kirchliche Hochzeit wünschen, weil es so Tradition ist, weil nur das eine angemessene Hochzeit sei, weil Sie nur dann richtig verheiratet wären oder weil Sie es sonst irgendwann bereuen würden, dann lassen Sie sich nicht beirren!

Sie müssen sie ja nicht gleich vor den Kopf stoßen, doch machen Sie ihnen klar, dass es Ihre Hochzeit ist und nicht deren. Kommen aber solche Tipps von Ihren Müttern, wie zum Beispiel, dass Tante Frida vielleicht die Kuchen backen könnte, Onkel Thomas jemanden kennt, der mit Pferden zu tun hat, für eine Kutsche oder dass man Getränke auch auf Kommission kaufen kann, dann hören Sie besser genau zu! Diese Ratschläge und Hinweise können Ihnen dabei helfen, Geld von Ihrem Budget einzusparen, und bringen eventuell auch noch das eine oder andere Highlight in Ihre Hochzeit.

MOTTO

Bevor es jetzt so richtig losgeht, haben Sie sich vielleicht auch ein Motto für Ihre Hochzeit überlegt? Ein Motto ist nicht unbedingt ein Muss für eine Heirat, doch es gibt unterschiedliche Lebenseinstellungen und Interessen oder Hobbys, die gern ebenfalls mit in Ihre Hochzeitsplanung eingebunden werden können. Soll es vielleicht eine Trachtenhochzeit in Dirndl und Lederhosen werden? Oder sind Sie ein Mittelalterfan und möchten im historischen Stil heiraten?

Doch auch Manga, Gothic, Adventure oder Farben können das Motto Ihrer Hochzeit bilden. Sollten Sie sich für ein Motto entscheiden, ist es wichtig, Ihre Gäste zum einen am besten in den Einladungen darüber zu informieren und sie zu bitten, sich freiwillig Ihrem Motto in der Kleiderwahl anzuschließen, und zum anderen, dass Sie Ihr Motto als eine Art roten Faden durch Ihre Planung hinweg berücksichtigen. Zum Beispiel sollten Sie beim Thema Gothic nicht unbedingt plüschige rosa Deko verwenden und beim Mittelaltermotto sollten Sie auch die Örtlichkeit der Feier an sich dementsprechend auszusuchen.

Sie können Ihr Motto in vielen verschiedenen Varianten einfließen lassen, angefangen von den Einladungskarten, der Deko, den Räumlichkeiten für Trauung und Feierlichkeiten bis hin zum Brautgefährt, der Musik und dem Essen. Zieht sich Ihr Motto wie ein roter Faden durch Ihre Hochzeit, ergibt sich eine exklusive und stimmige Kulisse, die Ihre Hochzeit in ein ganz besonderes Licht stellt.

Schritt 2 – Wir wollen heiraten

Die wichtigsten Rahmenbedingungen für Ihre Hochzeit wären soweit festgelegt. Nun geht es darum, den Rest der Welt davon in Kenntnis zu setzen, sprich Ihre Gäste und die Location sollten im nächsten Schritt informiert werden.

GÄSTELISTE

Sie haben sich nun nach vielen Überlegungen auf ein Datum, die Art der Hochzeit und gegebenenfalls ein Motto festgelegt. Sie kennen jetzt Ihr Budget und haben eine ungefähre Kostenkalkulation für Essen, Getränke und Übernachtungen Ihrer Gäste. Jetzt geht es ans Eingemachte. Wen laden Sie ein und wen nicht? Wer soll unbedingt bei Ihrer Hochzeit dabei sein und wen sollten Sie besser einladen, damit niemand beleidigt ist oder sich vor den Kopf gestoßen fühlt? Ich sage Ihnen, es ist nicht immer eine leichte Entscheidung. Doch es gibt ein paar Tricks, um den Großteil auszuwählen:

- Zum einen hilft die von Ihnen geplante Gästezahl anhand Ihres Budgets.

Ist das Budget nicht groß, können auch nicht Hunderte Gäste eingeladen werden.
- Und wenn Sie von vornherein sagen, Sie wollen nur im engsten Freundes- und Familienkreis feiern, brauchen Sie nicht groß darüber nachzudenken, ob Sie Ihre Großtante oder die Arbeitskollegen einladen sollen oder nicht.

Wenn Sie sich nicht sicher sind, kann Ihnen vielleicht folgendes Frage-Schema bei der Entscheidung helfen:

1. Gehört derjenige zum engeren Familienkreis (Eltern, Großeltern, Geschwister)?

- JA -> einladen
- NEIN: weiter mit Frage 2

2. Gehört derjenige zur weiteren Familie?

- JA: weiter mit Frage 3
- NEIN: weiter mit Frage 4

3. Werden Eltern oder Geschwister enttäuscht bzw. sauer sein, weil die Person nicht eingeladen wird?

- JA -> einladen
- NEIN: weiter mit Frage 4

4. Haben Sie regelmäßigen Kontakt bzw. steht Ihnen die Person nahe?

- JA: weiter mit Frage 5
- NEIN: weiter mit Frage 5

5. Unternehmen Sie privat viel mit dieser Person oder laden Sie sich gegenseitig zu Geburtstagen und Partys ein?

- JA: weiter mit Frage 6
- NEIN -> nicht einladen

6. Würden Sie sich über eine Einladung zur Hochzeit von dieser Person riesig freuen und wäre Ihnen wichtig, von dieser eingeladen zu werden?

- JA -> einladen
- Nein: weiter mit Frage 7

7. Ist es Ihnen wichtig, diese Person an Ihrem Hochzeitstag dabeizuhaben?

- Ja -> einladen
- NEIN -> nicht einladen

Tipp: Laden Sie niemanden aus falschem Pflichtgefühl ein. Ihre Gäste sollen als Ihre Begleiter und Unterstützer, auf Ihrem persönlichen Lebensweg und als Paar, mit Ihnen zusammen Ihren großen Tag feiern.

Stellen Sie nun Ihre Gästeliste auf und vergessen Sie nicht, die Partner von nicht Verheirateten einzuplanen und auch in der Einladung später zu erwähnen. Wenn Ihre Gästeliste fertig ist, sollten Sie sich außerdem schon mal damit befassen, von allen die aktuelle Adresse ausfindig zu machen. Sobald Ihre Gästeliste nun vollständig ist, haben Sie auch einen Überblick, wer von den Gästen höchstwahrscheinlich eine Übernachtungsmöglichkeit benötigt. Die Anzahl der Gästezimmer sollten Sie bereits jetzt schon in Ihrem Wunschdomizil reservieren. Kostenfrei stornieren können Sie in den meisten Fällen immer bis kurz vor dem Termin. Ein paar Zimmer noch kurzfristig zu buchen, wird dagegen oft schwerer. Daher reservieren Sie sich ein gewisses Kontingent. Und sollte der Übernachtungsort nicht direkt am Ort der Feierlichkeiten sein, machen Sie sich auch schon einmal Gedanken über einen Shuttleservice.

Tipp: Als spätere Erinnerung, wer alles da war, können Sie bei den Feierlichkeiten ein Gästebuch auslegen und verschiedene Accessoires, wie einen großen alten Bilderrahmen oder lustige Halbgesichtsmasken, beilegen.

GESCHENKE

Ja, die schönen Geschenke. Geld wünschen sich natürlich die meisten, doch es gibt noch so viele andere tolle Sachen, die Sie sich wünschen können. Dieses eine wunderschöne Tafelservice, welches Sie schon so lange haben wollten, aber es zu teuer finden, oder das Besteckset von Ihrer Lieblingsmarke. Auch ein Gutschein für Ihr Lieblingsrestaurant mit einem romantischen Dinner wäre eine super Geschenkidee.

Damit Ihre Gäste sich nicht wochenlang den Kopf über das richtige Geschenk zermartern müssen und nicht einfach irgendwas kaufen, was Ihnen vielleicht am Ende nicht wirklich gefällt, können Sie sich bereits im Vorfeld eine Geschenkliste anlegen. Diese kann ganz klassisch in Papierformat sein oder online im Internet bereitgestellt werden. Dafür gibt es verschiedene Plattformen, zum Beispiel die großen Onlinehändler oder auch spezielle Brautgeschenkseiten. Informieren Sie Ihre Hochzeitshelfer über Ihre Wünsche und die Wunschliste und vermerken Sie auf Ihren Einladungen später, wo diese Wunschliste zu finden ist. Durch diese Listen wird es Ihren Gästen wesentlich einfacher gemacht, Ihren Geschmack zu treffen, und die Gefahr, etwas doppelt zu bekommen, wird stark eingeschränkt. Natürlich sollte es den Gästen aber generell freistehen, ob sie diese Wunschlisten nutzen wollen oder ihrer eigenen Kreativität nachgehen.

Tipp: Auch Ihre Gäste freuen sich über eine kleine Aufmerksamkeit. Hierfür kann etwas kleines Selbstgebasteltes oder auch eines der vielen auf dem Markt angebotenen Hochzeitspräsente für Gäste übergeben werden. Je persönlicher diese kleinen Präsente sind, desto mehr freuen sich auch Ihre Gäste.

LOCATION

Die Location ist mit das wichtigste Detail einer Traumhochzeit. Gerade wenn Sie sich für Ihre Hochzeit ein Motto ausgesucht haben, sollte die Örtlichkeit der Feier nach Möglichkeit auch zum Motto passen. Stellen Sie sich vor, Sie haben das Motto Strandhochzeit und feiern dann in einer kleinen Gaststätte kilometerweit entfernt vom nächstgrößeren Gewässer. Natürlich kann man mit Deko sehr viel kreieren, doch auch das kostet

Zeit und Geld und muss in der Regel auf- und wieder abgebaut werden. Das Motto sollte daher gut überlegt sein und die Location ebenfalls.

Auf der Suche nach der für Sie passenden Feierstätte sollten Sie Ihre Hochzeitshelfer auf jeden Fall einbeziehen. Vielleicht kennt jemand von denen genau den richtigen Ort oder es kennt jemand jemanden, der jemanden kennt. Fahren Sie zu den vorgeschlagenen Locations hin und schauen Sie sich diese vor Ort an. Sprechen Sie mit den Betreibern, fragen Sie nach, ob an Ihrem geplanten Hochzeitsdatum noch Kapazitäten frei sind, und lassen Sie sich ein Angebot für die Raummiete geben. Handelt es sich bei den Räumlichkeiten um ein Restaurant, müssten Sie dort natürlich auch das Essen ordern. Gehört auch ein Hotel dazu, könnten Sie Ihre Gäste dort zur Übernachtung einquartieren. Falls nicht, in welchem Umkreis befinden sich Übernachtungsmöglichkeiten für Ihre Gäste?

Falls Sie ein freies Catering bestellen oder gar viele Speisen in Eigenleistung, zum Beispiel mit Hilfe der Familie, stellen wollen, bieten sich als Örtlichkeiten auch Festscheunen auf dem Land, Veranstaltungsräume wie Bürgerhaus und

Vereinsheime oder private Gärten an. Hier sollten Sie schauen, dass die Logistik für Geschirr und deren Säuberung, Auf- und Abbau, Tische und Bänke sowie ausreichend Parkplätze reicht. Ebenfalls wichtig sind das Vorhandensein von sauberen Toiletten, Strom- und Wasseranschlüsse und die Möglichkeit, bei schlechtem Wetter trocken zu bleiben. Nicht zu vergessen, sollte die Location ausreichend Platz für Ihre geplante Gästezahl bieten.

Und lassen Sie sich nicht entmutigen, weil der Raum vielleicht noch nicht so aussieht, wie Sie es sich vorgestellt haben. Manchmal reicht schon ein wenig Dekoration aus, um aus einem tristen Raum einen strahlenden Saal zu machen. Nutzen Sie bei den Besichtigungen Ihre Fantasie und überlegen Sie, wie viel Deko und Blumenarrangements nötig wären, um die Location zu Ihrem Favoriten zu machen. Auch hierbei können Ihnen Ihre Hochzeitshelfer beratend zur Seite stehen.

Tipp: Schauen Sie sich unbedingt die Sanitäranlagen an. Und wenn Sie einige ältere Generationen einladen wollen, achten Sie auch darauf, ob die

Location für Personen mit Gehschwäche, Rollator oder Rollstuhl gut zu erreichen und zu begehen ist.

TRAUZEUGEN

Trauzeugen haben geschichtlich gesehen ihre Aufgabe genau in der Bedeutung ihres Namens gehabt. Sie sollten bezeugen, dass die Trauung und der anschließende Vollzug der Ehe stattgefunden hat und die Ehe somit rechtskräftig ist. Heutzutage hat sich diese Bedeutung weitestgehend verloren. Wer möchte bitte seine Trauzeugen in der Hochzeitsnacht dabeihaben, um bezeugen zu lassen, dass die Ehe vollzogen wurde? In der heutigen Zeit liegt die Bedeutung der Trauzeugen eher in der Zeit nach der Eheschließung.

Die Trauzeugen bestätigen mit Ihrer Unterschrift die Hochzeit des Brautpaares und geben diesem zeitgleich ein unausgesprochenes Versprechen – das Versprechen, in guten und in schlechten Zeiten den Eheleuten als Freund und Unterstützung beiseitezustehen, für das Brautpaar da zu sein, wenn es mal nicht so rosig läuft, und mit allen ihnen zur Verfügung stehenden Möglichkeiten dem Paar zu helfen, wieder zueinanderzufinden.

Sie sollten sich daher ganz genau überlegen, wen Sie zu Ihrem Trauzeugen ernennen. Denn es ist eben nicht nur deren Aufgabe, den Junggesellenabschied zu organisieren oder bei den Hochzeitsvorbereitungen zu helfen.

Hinweis: Heutzutage ist es nicht mehr verpflichtend, bei der Trauung einen Trauzeugen zu haben. Sie können also auch nur mit einem oder ganz ohne Trauzeugen heiraten.

EINLADUNGEN

Nachdem Sie nun alle wesentlichen Punkte für die Hochzeit festgelegt und gebucht haben, wird es Zeit, Ihre Gäste darüber zu informieren, dass Sie heiraten wollen.

Um den roten Faden weiter aufrechtzuerhalten, sollten Sie bei der Auswahl der Einladungskarten Ihr Motto im Blick behalten. Es gibt unzählig viele Anbieter von Druckkarten. Im Internet finden Sie die größte Vielzahl an Motiven und Ideen, wo Sie sich inspirieren lassen und bestellen können. Doch gibt es auch noch kleinere Druckereien, die zwar in der Auswahl eingeschränkter, aber dafür kultiger sind. Es gibt auch Druckwerkstätten, in denen Sie als kleine Familien- oder Freundesveranstaltung Ihre Hochzeitskarten selbst entwerfen und drucken können. Dies hat den Vorteil, dass Sie einen unvergesslichen Tag mit Ihren Liebsten verbringen und dabei auch noch die individuellste Einladung zu Ihrer Hochzeit selbst herstellen. Das sind Erinnerungen, die nie verblassen.

Doch was gehört in so eine Hochzeitseinladung? Zuerst einmal sollten Sie mitteilen, dass Sie und Ihre bessere Hälfte heiraten wollen. Hierfür gibt es unzählige Formulierungen und Sprüche. Dann sollten Sie folgende Punkte unbedingt in Ihrer Einladung erwähnen:

- Datum und Uhrzeit der Trauung und der Feierlichkeit
- Adresse des Trauungsortes und der Location der anschließenden Feier
- Ist es eine standesamtliche, freie oder kirchliche Trauung?
- Falls es ein Motto gibt, dieses ebenfalls erwähnen und eventuell auf Kleiderordnung, z. B. Tracht ist wünschenswert, hinweisen

- Gästen die Übernachtungsmöglichkeiten anbieten und mitteilen, ob diese selbst gezahlt oder vom Brautpaar übernommen werden (in der Regel zahlt es das Brautpaar)
- Hinweis auf die Geschenkliste oder den Geschenkwunsch geben
- Die Bitte um Rückmeldung mit einer Frist äußern

Für die Antwort der Gäste gibt es verschiedene Möglichkeiten. Sie können eine vorgefertigte Antwortkarte, die bereits an Sie adressiert und im besten Fall sogar bereits von Ihnen frankiert ist, beilegen. Sie können auch kostenfrei im Internet E-Mail-Adressen generieren und dort, zum Beispiel unter BrautpaarSandraDirk@....de oder Trauzeugen14.06.20xx@....com, die Rückmeldungen annehmen und verwalten. Natürlich sollten Sie zusätzlich auch ganz klassisch eine Checkliste führen, um den Überblick über die verschickten Einladungen, die Rückmeldungen, die Zu- und Absagen zu behalten.

Tipp: Es gibt verschiedene Eventseiten, welche das ganze Thema um Einladungen, Gästeliste und

Antworten online verwalten. Man kreiert sich eine Einladung, lässt diese online oder in gedruckter Ausgabe über diese Seite versenden und das Programm verwaltet die Online-Rückmeldungen automatisch und die Print-Antworten können händisch eingepflegt werden.

CHECKLISTE

Bisher haben wir alle notwendigen Bereiche für die Organisation und Planung bis zum Zeitpunkt der Einladungen betrachtet. Damit Sie für Ihre Planung nichts Wichtiges vergessen, empfehle ich Ihnen, sich Checklisten zu erstellen. Warum Sie hier jetzt keine vorgefertigten Checklisten finden, ist ganz einfach:

Wenn Sie selbst Ihre eigenen Checklisten erstellen, machen Sie sich mehr Gedanken über die Checkliste. Dies wiederum führt dazu, dass Sie für sich selbst priorisieren, was wichtig und was unwichtig ist. Weiterhin können Sie sich durch Anregungen aus dem Internet die Punkte für Ihre Checklisten herausfiltern, welche auch wirklich auf Sie passen. Und das wiederum führt dazu, dass

Sie fast nichts vergessen, auf Ihre Checklisten zu schreiben.

Damit Sie jedoch ein paar Anhaltspunkte haben, empfehle ich Ihnen, folgende Listen am Anfang zu erstellen:

o Die Budgetliste

o Liste für Unterlagen zur Anmeldung der Trauung beim Standesamt und bei weiteren Institutionen

o Eine Mottoliste, auf der Sie notieren, wie, in welcher Art und Weise und wo Sie das Motto umsetzen wollen (z. B. Deko, Kuchen, Location, Blumen, Kleidung, Einladung u.v.m.)

o Die Gästeliste mit Adressen

o Einladungsliste, kann auch kombiniert mit der Gästeliste sein, mit den Vermerken „eingeladen", „Zu- oder Absage" und „benötigt Übernachtung"

o Eine To-do-Liste, wo Hotelzimmer-Reservierungen und Angebote für Shuttleservices vermerkt sind, ebenso wie Gästeliste erstellen und Location finden

Tipp: So blöd es auch klingen mag, aber lesen Sie diesen Ratgeber für die Erstellung der Budgetliste bis zum Ende. Viele mögliche Kostenfaktoren, wie z. B. ein Gästebuch, Accessoires für Diverses, Gästegeschenke, Dankeskarten und vieles mehr, finden in den kommenden Kapiteln Erwähnung, ohne extra deutlich hervorgehoben zu sein. Je mehr Punkte auf Ihrer Budgetliste stehen, umso detaillierter haben Sie die auf Sie zukommenden Ausgaben im Blick.

Schritt 3 – So soll es werden

Das Grundgerüst Ihrer Traumhochzeit steht. Jetzt geht es an die vielen kleinen Details. So wie Sie es sich vorstellen, soll Ihre Traumhochzeit werden.

TRAUUNGSMUSIK, BAND, DJ UND UNTERHALTER

Sie haben das Datum festgelegt und Ihre Traum-Location für die Hochzeit gebucht. Jetzt wird es Zeit, sich um die musikalische Begleitung Ihrer

Trauung und Feierlichkeiten zu kümmern. Bei standesamtlichen Trauungen ist es oft schwierig, eigene musikalische Elemente einzubringen. Im Standesamt liegt ein genauer Ablauf in einem bestimmten und leider engen Zeitfenster zugrunde. Denn vor und nach Ihnen werden auch noch andere Paare getraut. Doch vielleicht gibt es bei Ihrem Standesamt trotzdem die Möglichkeit, dass ein Solist mit Geige oder Blasinstrument den Brauteinzug begleiten darf.

In der Kirche und bei freien Trauungen gibt es immer die Möglichkeit, sich von Orgel oder Solisten und Sängern begleiten zu lassen. Die Auswahl ist auch hier groß. Hören Sie sich auf jeden Fall einige Beispiele Ihrer Favoriten an, nach Möglichkeit sogar live. Wenn Ihnen das zu viel des Guten ist, Sie sich aber trotzdem musikalische Begleitung wünschen, können Sie auch Ihre Lieblingslieder mit Hilfe moderner Technik über eine Musikanlage laufen lassen. Für die musikalische Begleitung bei der Trauung sind Sie meistens mit 50,00 bis 200,00 Euro dabei, je nachdem, wofür Sie sich entscheiden.

Für die Feierlichkeiten empfiehlt sich jedoch auf jeden Fall eine Band, ein DJ oder ein Alleinunterhalter.

Bei einer Band sollte Ihnen bewusst sein, dass sie viel Platz braucht. Das Equipment und die Musiker brauchen ausreichend Bewegungsfreiraum. Klären Sie bei Bands immer ab, welche Ausstattung sie mitbringen! Nur Musiker und Musikinstrumente werden nicht reichen. Es wird eine Musikanlage mit Verstärker und Boxen benötigt, genauso wie Verlängerungskabel und Ähnliches. Viele Bands bieten an, das komplette Equipment gegen Aufpreis mitzubringen.

Besprechen Sie auch mit der Band, welche Art von Musik und welche Lieder Sie sich wünschen, in welchem Zeitraum live gespielt werden soll und wann nur Hintergrundmusik vom Band laufen kann. Natürlich sollten Sie die Band schon in Richtung Ihres musikalischen Geschmacks aussuchen, sprich: Eine Chorband singt eher weniger Schlagerhits als eine kleine Volksband, eine kleine Volksband hat jedoch eher wenig bis keine klassischen Musikstücke im Repertoire, im Gegensatz zu einer Klassikband. Die Kosten für eine Band bewegen sich meistens innerhalb eines vierstelligen

Betrags und sollten gut in Ihrem Budget kalkuliert sein.

Wer keine Band möchte, kann sich nach einem DJ umschauen. Auch hier ist die Auswahl groß. Unter Schlagwörtern wie „Hochzeits-DJ" oder „Musik zur Hochzeit" finden Sie zahlreiche Angebote. Auch in diesem Fall ist es wichtig, sich mit den potenziellen DJs zusammenzusetzen, um die Musikauswahl und die mitzubringende Technik zu besprechen. Bei einem DJ haben Sie den Vorteil, dass dieser in der Regel fast alle Musikrichtungen abdecken kann und auch von einem Genre zum anderen wechseln. Auch kostet ein DJ wesentlich weniger als eine Band. Schon für nur wenige hundert Euro bekommt man einen zuverlässigen und guten DJ.

Ein reiner DJ jedoch bringt wirklich nur die Musik mit. Wenn Sie auch noch ein wenig Programm und Unterhaltung wollen, sind Sie mit einem Alleinunterhalter bestens bedient. Es gibt so die klassischen Alleinunterhalter, welche Sie vielleicht leider von Tante Fridas letztem 80. Geburtstag kennen, und es gibt die richtig guten Entertainer. Um die guten Entertainer zu finden, geben Sie im Internet Schlagwörter wie „Entertainer für

Hochzeit" ein. Zusätzlich sollten Sie sich dann die Google-Bewertungen und die Homepages anschauen. Welche Programme und Unterhaltungen werden dort angeboten und wie ist der Internetauftritt gestaltet? Manche Entertainer haben auch Kooperationen mit weiteren Künstlern wie Feuerartisten oder Unterhaltungsakteuren. Setzen Sie sich mit den ausgewählten Kandidaten zusammen und lernen Sie den Entertainer ein wenig kennen. Wenn die Chemie zwischen Ihnen stimmt, und auch Humor und Witz charmante Begleiterscheinungen sind, dann haben Sie höchstwahrscheinlich genau den richtigen für Ihre Hochzeit gefunden. Preislich liegen gute Alleinunterhalter im höheren Hunderter-Bereich, doch noch weit unter 1.000,00 Euro.

Tipp: Egal, wofür Sie sich entscheiden, Musiker, DJ und Entertainer freuen sich immer, wenn Sie kostenfrei mit Essen und Trinken versorgt werden. Es hebt deren Stimmung, schafft ein freundliches Band und ermöglicht die ein oder andere Zugabe oder Besonderheit der Unterhaltung.

ESSEN, CATERING UND HOCHZEITSTORTE

Durch Ihre Gästeliste haben Sie ungefähr eine Idee, wie viele Personen zu Ihrer Hochzeit zu verköstigen sind. Nun kommt es auf Ihre Location an, ob Sie selbst für das Essen sorgen, einen freien Caterer engagieren oder das Angebot des Veranstaltungsortes nutzen. Doch egal, wo Sie feiern werden, ein kleiner Sektempfang am Veranstaltungsort gibt Ihnen und Ihren Gästen die erste größere Möglichkeit, sich gegenseitig zu begrüßen und ins erste Gespräch untereinander zu kommen. Auch dient so ein Sektempfang als kleine Zeitüberbrückung, bis alle eingetroffen sind. Bitte halten Sie bei einem Sektempfang auch immer alkoholfreie Varianten mit Saft, Saftschorle oder alkoholfreien Sekt für Kinder, Fahrer und jene bereit, die keinen Alkohol trinken möchten.

Essen in Eigenregie zur Verfügung stellen
Manchmal ist das Budget leider nicht so groß, dass man sich einen Caterer leisten kann. In solchen Fällen muss das Essen deswegen nicht schlechter werden! Im Gegenteil, wenn Sie das Essen selbst

organisieren, sparen Sie vielleicht nicht nur Kosten, sondern können auch all Ihre Lieblingsspeisen servieren. Wie das geht, erfahren Sie anhand der nachfolgenden Tipps:

- Fragen Sie als Erstes in Ihrem Familien- und Freundeskreis nach Warmhalteplatten, Campingkochplatten und Servierplatten. Zur Not kann man für wenig Geld Einmal-Servierplatten und eine Kochplatte kaufen und auch Warmhalteplatten gibt es sowohl gebraucht als auch für kleines Geld zu kaufen. Die Qualität ist dann zwar nicht die beste, doch für Ihren Hochzeitstag hält es auf jeden Fall und erfüllt seinen Zweck.

- Geschirr und Gläser werden in Vereinsheimen und Bürgerhäusern bei der Raummiete mit bereitgestellt. Fragen Sie mal nach. Ansonsten kann man Geschirr und Gläser auch Mieten oder, und da gibt es mittlerweile auch viele dekorative Varianten, man nimmt Wegwerfgeschirr. Sie denken jetzt vermutlich, dass das billig anzusehen sein wird. Doch tatsächlich kann man mit Einmalgeschirr auch eine wundervolle Deko und ein traumhaftes Ambiente zaubern. Im Internet findet man unter den Schlagwörtern „Partygeschirr +

46

Hochzeit" oder „Hochzeit mit Plastikgeschirr" bereits viele schöne Beispiele und Anbieter.

- Für das Essen selbst sollten Sie auf jeden Fall Ihre Freunde und Familie mit ins Boot holen. Früher war es bei großen traditionellen Familienfesten gang und gäbe, dass jeder etwas zum Essen beigetragen und mitgebracht hat. Bitten Sie Ihre Freunde doch um die leckeren Salate der letzten Grillfeier! Fragen Sie Ihre Eltern, ob diese nicht leckere Häppchen oder Frikadellen machen könnten. Vielleicht kann die Oma oder die Tante auch als Dessert einen leckeren Blechkuchen oder gar die Hochzeitstorte machen? Auch ein Spanferkel oder verschiedene Grilldelikatessen können ein Hochzeitsessen sein. Fragen Sie hierzu beim Metzger Ihres Vertrauens nach. Er macht Ihnen bestimmt einen guten Preis. Auch Ihr Bäcker wird Sie sicher mit Brötchenschnecken und anderen tollen Brotvarianten versorgen können.

- Für Getränke können Sie mittlerweile auch auf verschiedene Varianten zurückgreifen. Entweder ganz klassisch im Getränkemarkt die Getränke kaufen oder versuchen, diese auf Kommission zu bekommen. Oder, was vielleicht einfacher ist: Es gibt kleine Getränkebars zum Ausleihen bzw.

sogar mobile Cocktailbars für kleine Events. Das wäre sicher ein Highlight auf Ihrer Feier
- An Ihrem Veranstaltungsort müssen Sie jetzt nur noch klären, ob es genügend Kühlmöglichkeiten und Stromanschlüsse für Ihr Essen gibt oder wer sich gern bereit erklärt, nach der Trauung alle Gerichte abzuholen und zum Veranstaltungsort zu fahren.

Tipp: Machen Sie auf jeden Fall eine Liste, wer was mitbringen möchte. Und planen Sie auf jeden Fall für die Lieferung zum Veranstaltungsort genug Zeit ein, da ja das Essen auch noch aufgebaut werden muss. Bitten Sie Ihre Freunde und jüngeren Familienmitglieder am Tag Ihrer Hochzeit, hier zu helfen und Sie als Brautpaar komplett zu entlasten. Vertrauen Sie ihnen, dass sie sich darum kümmern werden. Spannen Sie auch hier gern noch die Trauzeugen als Verantwortliche ein. Sie als Brautpaar sollten trotz der Self-Made-Variante damit so wenig Stress wie möglich am Hochzeitstag haben.

DAS CATERING

Wenn Sie einen freien Caterer beauftragen können, haben Sie die große Qual der Wahl. Das Angebot ist riesig und die Auswahl reicht von der kleinen Metzgerei nebenan bis zum Proficaterer. Bei der Auswahl Ihres Caterers sollten Sie einige Punkte berücksichtigen, die Ihnen den Ablauf Ihrer Hochzeit leichter machen:

- Stellt der Caterer Geschirr, Besteck und Gläser zur Verfügung?
- Stellt der Caterer auch einen mobilen Geschirrreinigungsservice zur Verfügung?
- Bietet der Caterer Personal und Bedienung an?
- Wie sieht es mit Tischen und Stühlen sowie Tischhussen aus?
- Baut der Caterer das Essen selbst auf und wieder ab oder liefert er es nur an und Sie müssen sich selbst um den Auf- und Abbau kümmern?

Des Weiteren sollten Sie folgende Punkte klären:
- Preis für das Buffet
- Qualität der Produkte und woher diese bezogen werden

- Rezensionen im Internet können oft auch hilfreich sein
- Lieferradius
- Kapazität für Ihr Hochzeitsdatum
- Bietet der Caterer die Getränke auch auf Kommission an?
- Kann das übrige Essen umgepackt und für das Brautpaar zum Abholen bereitgestellt werden?

Hinweis: Bei einem freien Caterer wird das Essen in den meisten Fällen immer als Buffet angeboten, da für eine Menüdarreichung sonst eine große Küche zum Kochen und Vorbereiten benötigt wird.

DAS RESTAURANT

Verfügt Ihre Location über ein eigenes Restaurant, so haben Sie die Wahl: Buffet oder Menü. Eine Menüwahl kann unter Umständen zu einigen Nachteilen führen:

- Sie sollten mindestens zwei, besser sind drei oder vier, Menüvarianten anbieten
- Die Gäste müssen sich im Vorfeld bereits festlegen, was sie essen wollen, und Ihnen dies auch mitteilen

- Spontaner Gästezuwachs durch neue Lebenspartner unter den Gästen ist nur schlecht möglich
- Kurzfristige Absagen, wegen z. B. Krankheit, sind oft nur schlecht in der Küche zu reklamieren
- Das Essen erfolgt nach einem strengen Zeitplan, da die Küche die fertigen Teller auf den Punkt genau herausbringen lässt
- Knabbereien und kurzfristige Hungergelüste können nicht gestillt werden, was gerade bei den kleinen Gästen für Unmut sorgen kann
- Die Essensauswahl beim Buffet kann größer gestaltet werden als beim Menü

Lassen Sie sich auf jeden Fall vom Restaurant beraten. Dieses hat solche Veranstaltungen öfter und kann Ihnen Empfehlungen aussprechen. Der Vorteil ist ganz klar, dass Sie hier alles aus einer Hand haben.

Tipp: Besprechen Sie mit dem Wirt und dem Servicepersonal im Vorfeld, wie Sie die Getränke händeln wollen. Manche bieten Ihnen eine Getränkepauschale für nicht alkoholische Getränke an oder Sie bekommen die Getränke auf Kommission. Klären Sie auch, ob Sie für den Ausschank von alkoholischen Getränken aufkommen oder die Gäste dies selbst zahlen müssen. Sie können auch zwei oder drei verschiedene Weine und Biersorten auf einer verkleinerten Getränkekarte anbieten lassen. Achten Sie auch auf Pauschalen bei Wasserflaschen, Tee und Kaffee. Gerade Kaffee ist oft nicht in den Getränkepauschalen enthalten, obwohl es ein nicht alkoholisches Getränk ist.

Hinweis: Vergessen Sie bei der Anzahl der Personen für das Essen nicht, sich selbst, das Brautpaar, mitzuzählen!

DIE HOCHZEITSTORTE

Ein Must-Have für jede Hochzeit ist natürlich die Hochzeitstorte. Doch auch hier muss es nicht immer die siebenstöckige Cremetorte sein. Gerade an warmen sommerlichen Tagen kann eine Cremetorte schwer im Magen liegen. Sie können sich bei verschiedenen Konditoreien oder auch Bäckereien beraten lassen und verschiedene Varianten probieren. Aber vielleicht gibt es auch hier in Ihrem Familien- oder Freundeskreis einen leidenschaftlichen Bäcker, der Ihnen gern einen wunderschönen und individuellen Hochzeitskuchen backt. Glauben Sie mir, manchmal ist es ganz schön, sich überraschen zu lassen. Denn diese Kuchen werden auf jeden Fall mit ganz viel Liebe für Sie gemacht.

TISCHORDNUNG

Die Tischordnung ist immer ein heikles Thema. Egal, wie viel Mühe man sich gibt, irgendjemand wird sich immer zurückgesetzt fühlen, auch wenn es vielleicht nicht laut gesagt wird. Es gibt leider nicht die perfekte Sitzordnung. Traditionell ist der Sitzplan recht einfach:

Das Brautpaar sitzt in der Mitte, wobei die Braut rechts vom Bräutigam sitzt. Neben der Braut sitzt der Bräutigamvater, daneben die Bräutigammutter. Neben dem Bräutigam sitzen die Brautmutter und daneben der Brautvater. Nach den Brautpaareltern kommen immer in abwechselnder Geschlechterreihenfolge die Geschwister und Großeltern, bis ganz außen dann die Trauzeugen platziert werden. Das ist die traditionelle Sitzordnung. Diese wird leider bereits dann ins Schwanken gebracht, wenn eines der Elternpaare getrennt ist und vielleicht auch noch neue Partner hat. In diesem Fall kann man durch das Gegenüberplatzieren der Familienmitglieder die Parteien trennen und zum Beispiel den getrennten Brautvater gegenüber der Bräutigammutter setzen, während die Brautmutter neben dem Bräutigam sitzt. Es bringt den Vorteil, dass alle Eltern am Brauttisch und nahe am Brautpaar sitzen, die zwei Parteien trotzdem voneinander getrennt sind und beide Familien in Kontakt und Gespräche zueinander kommen.

Doch es gibt viele verschiedene Herangehensweisen, um die bestmögliche Tischordnung für Ihre Hochzeit zu finden. Hierfür bilden die Anzahl der Gäste, die Raumgröße und die vorhandenen Tischformen die Grundlage. Feiern Sie in einem saalähnlichen, großen Raum oder großen Garten, bietet sich das Stellen einzelner Sitzgruppen, am besten mit runden Tischen, an. Dabei sollte der Brauttisch in der Mitte stehen, sodass alle einen guten Blick auf das Brautpaar haben. Am Brauttisch sollte, wie bereits dargestellt, die engste Familie sitzen. Die anderen Sitzgruppen sollten Sie so kombinieren, dass niemand allein unter Unbekannten sitzt, Personen, die sich nicht mögen, sollten ebenfalls nicht am selben Tisch sitzen, und achten Sie auf das Mischen der Gesellschaft, sodass die Gäste der Braut mit den Gästen des Bräutigams gut vernetzt werden können.

Tipp: Tische mit älteren Gästen wären gut in der Nähe von Ausgang oder Sanitäranlagen zu platzieren, damit sie sich nicht durch feierfreudige Gäste drängeln müssen. Tische mit Kindern und Kleinkindern sollten nicht in der Nähe der Musikboxen und Soundanlagen platziert werden, da die empfindlichen Ohren sonst auch zu Stimmungskillern werden können.

Neben den einzelnen Sitzgruppen gibt es auch noch die Tafelaufstellung mit gegenüberliegenden Platzierungen der Gäste. Klassische Tafeln sind entweder in T-Form, als U oder im E aufgestellt. Dabei kann man sagen, die T-Form eignet sich für eine kleinere Gesellschaft, die anderen beiden eignen sich eher für größere Gesellschaften. Eine schöne Möglichkeit, alle Gäste nah beim Brautpaar zu platzieren, ist die E-Form. Achten Sie bei der Gästeeinteilung ebenfalls wieder auf die richtige Kombination.

Tipp: Zeichnen Sie sich die für Ihre Location möglichen Tischgruppierungen auf ein Blatt. Tragen Sie mit Bleistift die Namen an die jeweiligen Sitzplätze ein. Schauen Sie sich nach ein paar Tagen die Sitzaufteilung erneut an und nehmen Sie gegebenenfalls Änderungen vor. Beachten Sie auch, wer tatsächlich zugesagt hat und wer vielleicht gar nicht kommt. Die Tischordnung muss erst kurz vor der Hochzeit fertig sein. Es bleibt Ihnen also ein wenig Zeit, sich Gedanken dazu zu machen.

JGA – JUNGGESELLENABSCHIED

Feuchtfröhliche Party und oft mit Peinlichkeiten und Alkohol verbunden – das verbinden die meisten von Ihnen mit dem JGA, dem Junggesellenabschied. In der Regel wird der JGA von den Trauzeugen organisiert. Das Brautpaar weiß weder den Tag noch, was passieren wird, und ist eigentlich der Gnade der Freunde ausgeliefert. Es ist daher wichtig, schon am Anfang Ihrer Hochzeitsplanung ein vertrauliches Wort mit Ihren Trauzeugen zu wechseln. Teilen Sie ihnen mit, was für Sie absolute No-Gos sind, wie zum Beispiel einen

Stripper zu bekommen oder bei Spielen immer einen Kurzen trinken zu müssen. Doch es muss ja nicht immer die wilde Party à la Hangover sein. Auch ein Wellness-Wochenende für die Damen oder ein Paintball-Wochenende für die Herren können einen schönen Junggesellenabschied darstellen. Das alles können Sie Ihren Trauzeugen im Vorfeld der Hochzeitsplanung mitteilen, sodass es keine allzu bösen Überraschungen beim JGA geben wird.

BLUMEN UND DEKO

Für das richtige Flair bei Ihrer Traumhochzeit sorgen Blumen und die richtige Dekoration. Der Blumenschmuck wird meistens den Wünschen der Braut angepasst. Und auch hier kann man wieder auf den roten Faden vom Motto achten. Natürlich muss auch die jeweilige Jahreszeit berücksichtigt werden, da nicht alle Blumensorten zu jeder Jahreszeit erhältlich sind.

Oft werden zur Hochzeit folgende Blumengebinde genutzt:

- Brautstrauß und ein Wurfstrauß
- Kleine Abbilder vom Brautstrauß für weibliche Trauzeugen und Brautmutter
- Ansteckblumen gemäß dem Brautstrauß für den Bräutigam, den Brautführer und die männlichen Trauzeugen
- Einzelne Miniatur-Blumengebinde für die Gäste zum Anstecken
- Blütenblätter für die Blumenkinder
- Blumenkranz für die Blumenmädchen, die Blumenjungen bekommen dann eine der Ansteckblumen, wie der Bräutigam
- Autoschmuck
- Blumendeko für die Kirche oder den Ort der freien Trauung
- Kleine Sträuße für die Tischdeko, alternativ zu Blumensträußen können hier auch Blumentöpfe, zum Beispiel mit Lavendel, verwendet werden

Das hört sich nach ganz schön viel Blumen und ganz viel Geld an. Doch zum einen müssen Sie ja nicht alle aufgeführten Blumengebinde verwenden und zum anderen können viele der Blumendekorationen auch selbst gebastelt werden. Fahren Sie dazu auf den Blumengroßmarkt. Dort gibt es die Blumen oft viel günstiger. Kleine Ansteckstäußchen, Blumenkränze, Blumensträuße für Tischdeko und Blütenblätter für die Blumenkinder können auch mit Hilfe der Hochzeitshelfer kurz vor der Hochzeit noch selbst gebastelt werden.

Tipp: Am Ende der Feierlichkeiten können Sie allen Gästen die Tischsträuße und Dekogebinde aus der Kirche mit nach Hause geben. So schlagen Sie gleich zwei Fliegen mit einer Klappe: Ihre Gäste freuen sich über diese kleine Aufmerksamkeit und Sie müssen die schönen Blumen nicht entsorgen, falls Sie nicht genügend Platz zu Hause haben.

Mit den Blumen hat man oft schon den Großteil der Dekoration erledigt. Doch die Eindeckung der Tische, Girlanden im Garten, Fackeln am Wegrand oder auch der Eingang zur Feierlichkeit dienen als Accessoire und verfeinern das gesamte Ambiente. Online finden Sie hierzu zahlreiche Ideen, Shoppingmöglichkeiten und Bastelanleitungen. Passend zu Ihrem Motto bringen Sie mit kleinen Details große Highlights hervor und erhalten Ihr Wunschambiente.

KLEIDER UND ANZÜGE

Mit dem Kleid steht und fällt für eine Braut die gesamte Hochzeit. Wenn sich die Braut in ihrem Hochzeitskleid nicht wohl fühlt, das Kleid am Hochzeitstag nicht richtig sitzt oder gar einen Fleck aufweist, vermiest ihr das die freudige Stimmung und nichts kann die Hochzeit dann noch retten. Manch eine Braut hungert sich regelrecht monatelang in die Kleidergröße Ihres Traumkleides, was definitiv nicht empfehlenswert ist.

So ist es zwar nicht immer, doch vom Prinzip her erklärt diese Einleitung die Wichtigkeit des richtigen Brautkleides. Als Frau möchte man die Augen des zukünftigen Partners zum Strahlen bringen. Sie möchte an diesem Tag der Mittelpunkt und die schönste Frau auf dem Planeten sein. Daher wird das Brautkleidkaufen gern auch zu einem kleinen Ritual mit der Trauzeugin, den besten Freundinnen, der Brautmutter und Schwiegermutter genutzt. Zusammen geht es in verschiedene Brautgeschäfte und es werden Brautkleider, Brautjungfernkleider und Accessoires anprobiert, begutachtet und bewertet. Und das Schöne ist: Es gibt wirklich für jeden Geldbeutel wunderschöne

Brautkleider. Handelt es sich um eine spezielle Mottohochzeit, wie in Tracht oder im mittelalterlichen Stil, gibt es auch hier entsprechende Fachgeschäfte und Händler, wo Sie Ihr Traumkleid finden. Wichtig ist: Schauen Sie sich ein oder zwei Brautfachgeschäfte vorher allein oder mit nur einer Freundin an, um herauszufinden, ob Sie sich in diesem Geschäft wohlfühlen könnten. Dann machen Sie am besten gleich einen Termin für eine Anprobe mit Beratung aus. Denn ohne Termin mit Ihrer Damenschaft loszuziehen, wird in vielen Geschäften kaum möglich sein.

Wenn Sie Ihr Traumkleid gefunden haben, sollten Sie noch nach den passenden Accessoires Ausschau halten. Zur Brautausstattung gehören noch Strumpfband, Unterwäsche, Schleier oder Tiara.

Tipp: Es ist Tradition, dass die Braut als Glücksbringer etwas Blaues (meist das Strumpfband), etwas Neues (das ist das Brautkleid), etwas Altes (oft eine Kette aus dem Familienschmuck), etwas Geliehenes (die Tiara, Ohrringe oder Brosche von nahestehenden Familienangehörigen oder Freunden) und einen Glückspfennig (mittlerweile

Glückscent) im Schuh trägt. Die passenden Braut-
schuhe sollten Sie auch einige Monate vor der
Hochzeit kaufen und zu Hause einlaufen. Am besten packen Sie für den Hochzeitstag noch ein wei-
teres, unauffälliges und bequemes Paar Schuhe
ein.

Sobald die Braut ihr Hochzeitskleid ausgesucht
und gekauft hat, kann der Bräutigam sich auf die
Shoppingtour nach einem Anzug begeben. Warum er warten sollte, bis die Braut ihr Kleid gekauft hat? Ganz einfach: Kein Brautkleid ist einfach nur weiß! Es gibt Arktisweiß, Cremeweiß,
Perlweiß, Roséweiß und noch ganz viele andere
Farben, welche ein Brautkleid verzieren können.
Damit der Bräutigamanzug also zum Brautkleid
passt, sollte erst das Brautkleid gekauft sein. Natürlich darf der Bräutigam das Kleid vor der Trauung nicht sehen, das bringt Unglück, sagt man.
Doch in fast jedem Fachgeschäft bekommen Sie
zum Brautkleid auch eine Stoffprobe passend zu
Ihrem Kleid dazu. Damit kann der Bräutigam sich
auf den Weg zum Herrenausstatter machen. Er
sollte sich in der Farbwahl seines Anzuges vorher
mit seiner zukünftigen Frau absprechen. Ein

blauer Anzug könnte unter Umständen besser zum Kleid passen als ein schwarzer Anzug. Auch die Krawatte, das Hemd und das Anstecktuch sollten mit dem Brautkleid harmonieren – wobei diese Bräutigamausstattung auch oft von der Braut selbst gekauft wird, denn sie weiß genau, was zu ihrem Kleid passt.

RINGE

Auch Ringe sind ein wichtiges Thema. Ihr Ehering wird Sie im besten Fall jeden Tag Ihres Lebens an der Hand schmücken und der Außenwelt Ihre Zugehörigkeit zu Ihrem Partner zeigen. Daher sollten Sie die Ringe auf jeden Fall als Paar gemeinsam aussuchen. Hierfür können Sie entweder zum Hausjuwelier gehen oder in verschiedene Schmuckwerkstätten. Beim Hausjuwelier finden Sie eine begrenzte Auswahl an Sortiment. Es gibt hier wunderschöne Ringe zu entdecken. Probieren Sie verschiedene Modelle an und lassen Sie sich, was die Materialstärke angeht, vom Juwelier beraten.

In Schmuckwerkstätten haben Sie die Möglichkeit, Ihre Trauringe individuell zu gestalten. Vom

Material über die Form bis hin zur Anzahl der Steine gibt es eine große Auswahl an Möglichkeiten. Um Ihre Wunschform für Ihre individuellen Ringe zu finden, haben Sie die Möglichkeit, verschiedene Modelle auszuprobieren. Auch hier sollten Sie sich zu den Materialeigenschaften beraten lassen. Das Schöne an Schmuckwerkstätten ist nicht nur die Einzigartigkeit Ihrer selbst kreierten Ringe, sondern auch, dass es für wenig Geld möglich ist, Ihre wirklichen Wunschringe zu bekommen.

Tipp: Viele Schmuckwerkstätten arbeiten mittlerweile mit Juwelieren zusammen. Am besten machen Sie immer einen Termin für die Ringsuche beim Juwelier oder der Schmuckwerkstatt. So ist gewiss, dass Sie ausreichend Zeit und Beratung bekommen.

BRAUTAUTO UND KUTSCHE

Haben Sie sich schon Gedanken gemacht, wie Sie als Brautpaar von der Trauung zur Feierlichkeit kommen? Vom eigenen Auto mit Fahrer, über Limousine, Kutsche, zu Pferd oder Motorrad bis hin zum Traktor und vielem mehr sind der Fantasie keine Grenzen gesetzt. Nur Ihr Budget setzt Ihnen welche. Sprechen Sie mit Ihrer besseren Hälfte darüber. Tatsächlich haben Männer in dieser Kategorie viele Ideen beizutragen und machen sich Gedanken zu dem Thema. Daher sollten Sie die Wünsche des Bräutigams auch auf jeden Fall berücksichtigen. Wichtig ist, dass Sie rechtzeitig, und nicht erst ein paar Wochen vor der Hochzeit, Ihr Brautgefährt reservieren und buchen.

Tipp: Vergewissern Sie sich ca. einen Monat vor Ihrer Hochzeit noch einmal bei Ihrem Anbieter, dass Ihr Gefährt auch wirklich reserviert und nicht vielleicht doppelt gebucht ist.

FRISEUR UND MAKE-UP

Sobald feststeht, wann Sie heiraten, sollten Sie bereits den Friseur Ihres Vertrauens darüber informieren und für den Hochzeitstag einen Termin vereinbaren. Zum Probestecken sollten Sie ebenfalls gleich einen Termin vereinbaren, der ungefähr einen Monat vor der Hochzeit liegt. Beim Probestecken haben Sie die Möglichkeit, verschiedene Frisuren auszuprobieren und sich gegebenenfalls noch die Haare schneiden und färben zu lassen. Viele Friseure bieten auch ein Braut-Make-up mit an. Dieses kann beim Probestecken ebenfalls gleich getestet werden. Nehmen Sie sich für diesen Termin viel Zeit, denn am Hochzeitstag werden Sie so gut wie keine Zeit mehr haben, noch irgendetwas auszuprobieren. Hilfreich ist auch immer, ein Bild von Ihnen im Hochzeitskleid mitzubringen. Dann kann Ihr Stylist Sie optimal beraten.

Tipp: Gönnen Sie sich maximal eine Woche vor der Hochzeit einen Termin zur Pediküre und Maniküre. Lassen Sie sich Ihre Hand- und Fußnägel passend zum Hochzeitskleid schönmachen.

FOTOGRAF

Um Ihre Hochzeit für die Ewigkeit festzuhalten, lohnt es sich immer, einen Fotografen zu engagieren. In der Regel werden nach der Trauung, und während die Festlichkeiten bereits laufen, Fotos von Ihnen als Brautpaar gemacht. Auf Wunsch werden auch die eigenen Kinder, Eltern, Geschwister, Trauzeugen und Brautjungfern dazu geholt. Doch das Hauptaugenmerk sollte bei den Motiven auf Ihnen, dem Brautpaar, liegen. Hierfür können Sie sich im Vorfeld eine romantische Hintergrundkulisse aussuchen. Treffen Sie sich vor Ort mit dem Fotografen, damit dieser die Umgebung, die Lichtverhältnisse und Örtlichkeiten begutachtet. So kann er die Umstände für Ihren Hochzeitstag ein wenig besser einschätzen und sich darauf vorbereiten. Überlegen Sie sich auch bei diesem Gespräch bereits die eine oder andere Pose und testen Sie diese gleich aus. Vielleicht macht der Fotograf auch schon ein paar Probeaufnahmen. Bei kirchlichen und freien Trauungen kann es sich auch lohnen, den Fotografen bereits bei der Trauung dabeizuhaben. Dies geht natürlich auch bei standesamtlichen Trauungen.

Von Ihrem Shooting können Sie sich dann verschiedene Print- und Medienpakete beim Fotografen machen lassen. Erschrecken Sie nicht, wenn Sie die Preise sehen. Ein guter Fotograf kostet ein wenig Geld. Und damit ist in der Regel nur das Shooting bezahlt. Für Bildausdrucke oder alle Bilder auf Datei müssen Sie noch einmal extra zahlen.

> Tipp: Kaufen Sie mehrere Einwegkameras. Zum einen unterhalten und bespaßen Sie somit Ihre Gäste, wenn diese sich die Kameras nehmen und für Schnappschüsse posieren oder Momente Ihrer Hochzeit aus anderen Blickwinkeln festhalten. Zum anderen ist es eine sehr kostengünstige Alternative gegenüber einem Fotografen für die Feierlichkeiten.

ABLAUFPLAN HOCHZEITSTAG

Damit der schönste Tag Ihres Lebens nicht in Chaos und Frust untergeht, bietet es sich an, einen Ablaufplan für diesen Tag zu erstellen.

Dieser fängt damit an, wann das Brautpaar aufsteht und frühstückt. Ja, frühstücken ist für diesen Tag absolut wichtig. Ihr Hochzeitstag wird unheimlich lang und maximal aufregend werden. Bis Sie die erste Mahlzeit dann wieder zu sich nehmen, wird es in der Regel frühestens Nachmittag sein. Bis dahin sind Sie die ganze Zeit auf den Beinen, sehr wahrscheinlich in einem recht eng sitzenden Kleid. Falls es auch noch sehr warm wird, ist ein kleiner Kreislaufkollaps ohne ein Frühstück am Morgen vorprogrammiert. Sie müssen ja nicht

Unmengen in sich hineinzwingen, doch ein Naturjoghurt mit frischem Obst, ein kleines Rührei oder Omelett reicht schon. Es versorgt Sie und Ihren Körper mit der notwendigen Energie und hat gleichzeitig doch nur sehr wenig Kalorien.

Weiter geht es mit Ihrem Ablaufplan. Schreiben Sie auf, wann Sie Ihren Termin beim Stylisten haben und wann wer kommt, um beim Ankleiden, Schmücken und Transport der Deko zu helfen. Wer holt wann den Blumenschmuck und wer hilft beim Essen- und Kuchentransport, sofern es nicht geliefert wird? Wer bereitet wann die Feierlocation vor? Wann sollte sich angekleidet und wann losgefahren werden? Notieren Sie sich den Beginn der Trauung und wann es mit welchem Brautmobil nach der Trauung weitergeht. Wann ist das Brautpaar-Fotoshooting und wann das Shooting mit den Gästen geplant? Wann kommt der DJ, die Band bzw. der Entertainer und wann der Caterer? Welchen Zeitplan gibt es für das Essen, die Torte und den Sektempfang? Planen Sie bei allen Punkten auf Ihrem Ablaufplan Zeitpuffer ein. Es kann immer mal ein Stau, eine Verzögerung oder ein Malheur geschehen. Schreiben Sie keinen minutiös abgestimmten Ablaufplan, das wird Sie sonst am Ende nur zur Verzweiflung treiben, wenn etwas aus der Zeit läuft. Dieser Ablaufplan soll für Sie lediglich eine Stütze, eine Orientierung sein, damit Sie nichts vergessen und nicht zeitgleich an zwei Orten sein müssen.

<u>Tipp:</u> So schwer es auch fällt, bleiben Sie flexibel. Sie können nicht alles kontrollieren.

DANKSAGUNGEN

Nachdem Sie Ihre Traumhochzeit mit den vermutlich obligatorischen Freuden und Pannen erlebt haben, sollten Sie Ihre Gäste nicht vergessen. Nicht jeder Gast wird sein Geschenk persönlich überreicht haben und manch einer hat Ihnen sogar ein Geschenk zukommen lassen, obwohl er nicht auf der Hochzeit war. Auch gehört es einfach zum guten Ton, sich für die Geschenke zu bedanken. Hierfür bieten sich spezielle Danksagungskarten an. Um Ihren roten Faden zu Ihrem Motto zu halten, sollten Sie auch bei den Danksagungen die Karten passend zu Ihrem Motto auswählen. So rundet sich das Gesamtbild harmonisch ab und ruft auch den anderen Ihre Hochzeit positiv ins Gedächtnis.

CHECKLISTE

Wie Sie ja bereits aus dem vorherigen Kapitel wissen, finden Sie auch hier wieder keine vorgefertigten Listen. Doch ich möchte Ihnen ein paar Vorschläge und Stichpunkte für Ihre Checklisten geben:

Besprechung Musik und Unterhaltung:

o Welche Musik wünschen Sie sich?

o Besondere Titel notieren

o Kosten für Musik / Unterhaltung pauschal oder Stundenabrechnung?

o Welche Ausrüstung wird benötigt, was bringt der Musiker mit?

o Welches Unterhaltungsprogramm wird geboten?

o Ansprechpartner für Spiele und Co. benennen (in der Regel sind das die Trauzeugen)

Essen und Getränke:

o Egal, ob Gänge-Menü oder Buffet, es sollte immer eine Essenspauschale pro Person sein o Kleine Kinder brauchen Sie beim Buffet nicht mit angeben

o Bekannte Unverträglichkeiten der Gäste berücksichtigen, zum Beispiel Laktoseintoleranz

o Etwas Vegetarisches anbieten

o Essen dem Wetter anpassen, zum Beispiel im Sommer keine zu deftigen Speisen, sondern eher leichte Kost anbieten und im Winter ruhig auf kräftigendes und wärmendes Essen setzen

o Vorsuppe und Vorspeise, Hauptgerichte und Desserts

o Kleine Häppchen zu Beginn oder für zwischendurch

o Buffetreste zum Mitnehmen

o Kaffee- und Wasserpauschale

o Getränkepauschale oder auf Kommission?

o Alkoholausschank regeln

o Sektempfang

o Hochzeitstorte

Allgemeine Checkliste / Punkte als erledigt abhaken:

o Ringe kaufen und zur Hochzeit mitnehmen

o Brautkleid und Accessoires

o Anzug für Bräutigam

o Brautjungfernkleider

o Blumen

o Deko-Artikel

o Dekorieren

o Fahrzeug

o Friseur und Stylist

o Musik buchen

o Fotograf

o Hotelzimmer buchen

o Briefmarken kaufen

LAST BUT NOT LEAST

Ich hoffe, Sie haben in diesem Ratgeber für Sie wichtige Tipps und Tricks finden können. Abschließend möchte ich Ihnen noch die letzten Hinweise mit an die Hand geben:

- Sprechen Sie mit Ihren Trauzeugen und Eltern über die Dinge, welche Ihnen für Ihre Hochzeit ganz wichtig sind und was Sie überhaupt nicht wollen. Sie wünschen sich unbedingt ein Feuerwerk oder Sie wollen beim JGA absolut keinen Stripper?

- Falls Sie selbst Allergien oder Unverträglichkeiten haben, packen Sie Ihre Medikamente in die Handtasche Ihrer Mutter, Trauzeugin oder besten Freundin.

- Packen Sie sich ein paar bequeme, weiße Turnschuhe oder weiße Flipflops ein. Wenn Sie richtig gut sind, kaufen Sie für alle Frauen ein paar weiße Flipflops, Ballerinas oder Ähnliches. Es muss nichts qualitativ Hochwertiges sein. Doch glauben Sie mir, Ihre Füße und die der anderen Damen werden es Ihnen an einem langen Hochzeitstag danken.

- Um sich zwischendurch frisch zu machen, gibt es handtaschengroße Wasser-Sprays zu kaufen.

- Lassen Sie Ihre Mutter, Schwiegermutter und Trauzeugen als Ansprechpartner für Catering und Co. mit aufführen, damit Sie sich an Ihrem Hochzeitstag nicht damit auseinandersetzen müssen.

- Geben Sie Kontrolle ab und vertrauen Sie darauf, dass Ihre Mütter und Trauzeugen nur in Ihrem Interesse und für Sie handeln.

- Und Last but not least: Genießen Sie Ihren Hochzeitstag.

Ich wünsche Ihnen eine glückliche, liebevolle
und erfüllende Ehe.

Herstellung und Verlag:

BoD – Books on Demand, Norderstedt

ISBN: 9783756816293

© Mirella Lameyer 2022

1. Auflage

Kontakt: Psiana eCom UG/ Berumer Str. 44/ 26844 Jemgum

Covergestaltung: Fenna Larsson

Coverfoto: depositphotos.com